NOTES

SUR

MONT-DEVANT-SASSEY

PAR

C. BONNABELLE

DIRECTEUR D'IMPRIMERIE

MEMBRE DE LA SOCIÉTÉ DES LETTRES, SCIENCES ET ARTS DE BAR-LE-DUC

ET DE LA SOCIÉTÉ DE GÉOGRAPHIE DE L'EST, ETC.,

OFFICIER D'ACADÉMIE

MONTMÉDY

IMPRIMERIE DE PH. PIERROT

—

1893

NOTES

MONT-DEVANT-SASSEY

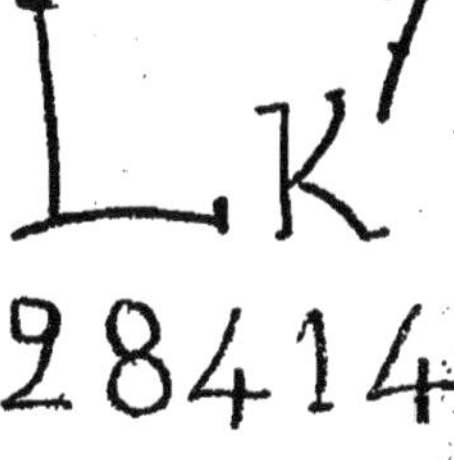

NOTES

SUR

MONT-DEVANT-SASSEY

PAR

C. BONNABELLE

MONTMÉDY

IMPRIMERIE DE PH. PIERROT

1893

DICTIONNAIRE HISTORIQUE

DES

COMMUNES DE LA MEUSE

Depuis longtemps, nous entendons autour de nous demander pourquoi le département de la Meuse ne possède pas encore un Dictionnaire historique de ses communes, ainsi que le possèdent les départements limitrophes : la Meurthe, la Moselle, les Vosges ? Cependant plusieurs essais en ce genre ont été tentés (1) ; mais ce travail, bien compris, demandant considérablement de recherches, est au-dessus des forces d'un seul homme. Pourtant si, dans chacune de nos communes, un travailleur intelligent et de bonne volonté, — et ils sont nombreux — voulait bien prêter son concours en dépouillant les archives communales, déchiffrer les vieux parchemins enfouis au fond de quelques coffres armoriés, notre département n'aurait bientôt plus rien à envier aux départements voisins, et il pourrait montrer l'histoire de

---

(1) V. Henriquet, imprimé à Stenay, in-12, reproduit presqu'*intégralement* par MM. Loiseau et Pierson. *Géographie de la Meuse*, in-8°. Plus tard, nous donnerons une bibliographie des ouvrages divers dans lesquels se trouvent quelques monographies En attendant, on pourra consulter les *Mémoires* de la Société des Lettres, Sciences et Arts de Bar-le-Duc, 1871-1892, 24 volumes in-8°.

1

son passé, qui n'est pas sans gloire, et donner pour exemples, aux jeunes générations, pour leur servir de modèles, les hommes qui se sont illustrés dans les diverses positions sociales où Dieu les avait placés.

Destiné à l'Exposition universelle de 1889, un travail à peu près semblable a été demandé à nos instituteurs ; mais d'après ce que nous avons pu juger par les quelques monographies tombées entre nos mains, peu d'entre elles ont été rédigées avec ordre et méthode, il n'y a pas d'indication des sources où les renseignements consignés ont été recueillis ; aussi peut-on y apporter peu de foi.

En reprenant la continuation de ce labeur entrepris depuis plus de vingt ans, puis interrompu pendant plusieurs années, nous faisons appel à toutes les personnes possédant quelques documents pouvant trouver place dans le cadre tracé : anciens titres de vente, pieds-terriers, dénombrements, titres nobiliaires, enfin toutes pièces pouvant servir à éclairer notre histoire locale.   C. B.

À MON CONFRÈRE ET AMI M. PH. PIERROT

SOURCES

Buvignier (Amand). — Statistique géologique, minéralogique, minérallurgique et paléontologique du département de la Meuse, 1852, in-8°, p. 614.

Cordonnier, instituteur à Mont-devant-Sassey. — Monographie de la commune, rédigée à l'occasion de l'Exposition universelle de 1889 (offerte par l'auteur à la Bibliothèque de la Société de géographie, section meusienne) ; Ms. petit in-4° de 162 p.

Dumont. — Les Ruines de la Meuse, in-8°, t. III, p. 321.

Germain (Léon). — Excursions épigraphiques : Mont-devant-Sassey, 1888, in-8° de 39 p. — (Communication du Ms. avant l'impression).

Germain (Léon). — Les fondeurs de cloches lorrains, 1887, in-8° de 24 p.

Jeantin (le président). — Les Chroniques de l'Ardenne et des Woëpvres, ou revue et examen des traditions locales antérieures au XIe siècle, pour servir à l'histoire de l'ancien comté de Chiny, 1852, t. II, p. 422 et s.

Jeantin (le président). — Histoire de Montmédy et des localités meusiennes de l'ancien comté de de Chiny, 1862, t. II, p. 1336.

Liénard. — Dictionnaire topographique de la Meuse, 1872, in-4°, p. 153.

Robinet (abbé). — Pouillé du diocèse de Verdun, t. IV ; notes manuscrites.

Notes particulières de voyage.

NOTES

SUR

MONT-DEVANT-SASSEY

I. Aperçu historique

MONT-DEVANT-SASSEY (1) était, avant la Révolution, village dépendant de l'ancien Clermontois.

D'après la tradition, Mont devait son origine à Begghe, fondatrice de l'ordre des Béguines d'Andenne, qui possédait des terres à Dun, Mont et Jupille (2).

Begghe, rapporte une chronique, était fille de Pé-

---

(1) Sur plusieurs documents, on rencontre le nom de ce village désigné ainsi qu'il suit : *Mons*, 1257 (cartulaire de la cathédrale) ; 1307 (charte de Gobert d'Apremont). — *De Montibus*, 1285 (charte d'Apremont). — *Beata Virgo Maria de Montibus*, XVIe siècle (pouillé ms. de Reims). — *Mont*, 1571 (proc.-verb. des coutumes) ; 1656 (carte de l'Evêché). — *Mont*, 1607 (proc.-verb. des coutumes). — *Mont-devant-Sassey*, 1872 (Annuaire de la Meuse et Liénard. *Dict. top. de la Meuse*).

(2) Un diplôme du XIe siècle en fait mention comme existant déjà à l'époque mérovingienne. Aujourd'hui il n'y a plus qu'une ferme.

pin de Landen (1), du lieu de sa naissance, et avait épousé Arnould, seigneur de la cour d'Austrasie. Il dut quitter son épouse pour entrer dans les ordres, car il était évêque de Metz en 614, quand il quitta la cour et son évêché pour aller vivre en solitaire dans les forêts des Vosges (2). L'église l'a canonisé.

Pendant plusieurs siècles, les dames d'Andenne possédèrent la seigneurie de Mont ; elles étaient justicières ; les officiers municipaux et les curés à leur nomination ; elles jouirent des dîmes, cens, rentes, etc., jusqu'à la Révolution, époque où leur ordre fut supprimé.

On rapporte que dans les premiers temps de sa fondation, au VIIe siècle, le monastère d'Andenne fut ravagé et pillé plusieurs fois. Les religieuses, obligées de le quitter pour échapper à la mort, se réfugièrent alors à Sassey et à Mont, où elles fondèrent un nouveau monastère.

Ne pouvant gouverner par elles-mêmes, ces religieuses eurent recours à des voués ou à des sous-voués qui ne tardèrent pas à les spolier d'une partie de leurs biens ; elles durent invoquer la puissance des princes et des évêques de Verdun, pour se faire rendre justice et restituer ce qui leur avait été enlevé par la force. C'est ainsi que Thierry d'Alsace fit rendre à Vautier-le-Téméraire tout ce qu'il s'était approprié. Plus tard, Jean d'Apremont (1225) leur reconnut les droits qu'elles possédaient sur plusieurs communautés. Gobert V d'Apremont, lui aussi, dut reconnaître qu'il n'était que voué de l'abbaye, et qu'il

----

(1) Ville de Belgique à 37 kil. au N.-O. de Liège. Pépin, dit Ladvocat, était père de Charles-Martel, tige de la seconde race des rois de France. Il mourut dans le château de Jupille le 16 décembre 714. *(Dict. hist.*, 1755, pet. in-8°, t. II, p. 318).

(2) Ladvocat, *loc. cit.*, t. I, p. 80.

ne pouvait prétendre à d'autres droits que ceux attachés à cette charge.

Peu à peu, cependant, les seigneurs d'Apremont parvinrent à se rendre justiciers. En 1286, sous Olry de Landres, Mont figure parmi les fiefs relevant de leur seigneurie.

A partir de cette époque date une ère nouvelle pour cette communauté. Gobert VIII d'Apremont, souche des divers rameaux de cette puissante maison, marié en 1295 à Marie, fille de Thiébaut II, comte de Bar, lui octroya, le dimanche après les octaves de la Nativité de saint Jean-Baptiste de l'année 1307, une charte (1) qui détacha Mont de Sassey et en fit deux communautés indépendantes l'une de l'autre, et soumit leurs habitants à la loi de Beaumont (2).

Par cette charte, chaque année, le jour de la Pentecôte, les bourgeois devaient s'assembler pour procéder à l'élection d'un maire, de trois échevins et d'un doyen ; s'ils n'avaient pu s'entendre pour faire cette élection, le seigneur ou ses délégués les nommaient le lendemain.

Le maire ni les échevins ne pouvaient retenir nul habitant ni forain, si ce n'était avec le gré du seigneur.

Si un bourgeois prenait bourgeoisie en un autre lieu ne faisant pas partie de la seigneurie, ou se fai-

---

(1) Cette charte a été publiée par le président Jeantin dans les *Chroniques d'Ardenne et des Woëpvres*, in-8°, 1852, t. II, p. 422, et reproduite par M. Dumont, dans ses *Ruines de la Meuse*, in-8°, 1869, p. 321 et s.

(2) En 1182, Guillaume de Champagne, archevêque de Reims, avait doté sa petite ville de Beaumont-en-Argonne d'une charte de franchises éminemment libérale. Cette charte avait été conférée à quantité de villes et villages de la Lorraine, du Barrois mouvant et du Barrois non mouvant. Voir Ed. Bonvalot : *Les plus principales et générales Coutumes du duché de Lorraine*, in-8°, 1878, p. 46.

sait réclamer par un autre seigneur, ses héritages se trouvaient confisqués.

Le maire et les échevins percevaient un droit sur les amendes. Pour les cris et les clameurs de dix sols et au-dessous, il leur était attribué douze deniers tournois, et pour ceux de vingt sols et au-dessus, ils prenaient trois sols tournois...

Si un habitant vendait ou donnait un héritage à un autre habitant qui n'était pas de la mouvance du seigneur, ce dernier pouvait lui prendre ce que bon lui semblait de cet héritage, s'il ne rétablissait, dans les deux mois, les choses telles qu'elles se trouvaient auparavant.

Les habitants étaient libres de se marier et amener leur femme à Sassey ; mais ils ne pouvaient se marier pour aller résider en dehors de la seigneurie.

Chaque année, ils devaient donner à leur seigneur un jour et une nuit de chevauchée ; faire deux fois le charroi à la requête de ses sergents ; lui donner deux gélines ; l'héberger, ainsi que ses chevaux et les gens qui l'accompagnaient ; leur fournir le lit, le foin et la litière quand ils se rendaient à Sassey.

Si quelqu'un voulait vendre son héritage, il devait faire annoncer trois fois la vente en pleine paroisse ; l'adjudication était alors faite, par le maire, assisté des échevins, aux manants et bourgeois des villes du val de Saulmory, dépendantes de la seigneurie.

Les habitants devaient fournir une grange pour y placer le terrage du seigneur.

Ledit seigneur donnait à ses vassaux le droit de prendre du bois en la forêt de *Mortfay*, située entre Mont et Montigny.

*
* *

La communauté de Mont se vit un jour contester la juridiction dont elle jouissait sur ses bois. Lesdits bois provenaient d'une donation que lui avait faite, le 1er juillet 1422, Bonne de Bar, veuve de Valéran, comte de Ligny et de Saint-Pol, dame de Dun : elle comprenait les *Grands-Bois* avec les *Grandes* et les *Petites-Rapes*. En 1515, elle dut en référer au duc de Lorraine, qui, par l'organe du comte de Solin, lui confirma cette donation.

La mairie de Mont jouissait encore d'une haute justice foncière avec le châtelain du voué (1), mais combien de fois elle a dû changer de juridiction ? Ainsi avant la rédaction des coutumes particulières, sous Charles III, duc de Lorraine, en 1571, elle suivait la coutume de Vermandois-Reims ; après cette rédaction, elle dut suivre la coutume de Saint-Mihiel et relevait de la Cour supérieure des Grands-Jours. Justiciable de l'ancienne baronnie de Saulmory, elle fit aussi partie de l'ancien bailliage de Stenay et Dun, puis du Clermontois, apanage des princes de Condé ; après avoir été du ressort de la prévôté de Dun, elle passa dans celle de Clermont.

D'après l'épitaphe d'un membre de la famille de Saint-Baussant, encastrée dans l'église de la paroisse, il y a tout lieu de supposer que le chef de cette puissante maison était seigneur de Mont vers 1600.

Le duc de Lorraine, en possession de la terre de Mont par acquit, en céda une partie, le 12 février 1607, à un sieur Maigret, qui en prit possession le 2 mars suivant. Son successeur, Henri II, en 1618, ayant sans doute besoin de remonter le trésor ducal, engagea l'autre partie au comte d'Escart de Saint-Baussant, marquis d'Esnes.

En 1621, Simon de Pouilly, baron d'Esnes, maréchal du Barrois et gouverneur de Stenay, était seigneur de Mont.

D'après un dénombrement fourni au prince de Condé, le 8 janvier 1664, la seigneurie de Mont appartenait à Alexandre du Redon de Dreux, marquis

(1) V. Jeantin, Manuel de la Meuse, in-8°, 1862, p. 1344.

d'Esnes, à cause de dame Claude-Angélique-Fran-
çoise de Pouilly, son épouse.

En 1683, Nicolas Desrochettes, marquis d'Esnes,
en était seigneur. Rapace comme un vautour, tout
lui semblait bon pour pressurer le pauvre. En 1698,
il intenta un procès à la communauté, prétendant
qu'il avait droit au sixième chaudron au pressoir ba-
nal, au lieu du huitième qu'il prenait ; mais les juges
le déboutèrent de ses prétentions, et il dut se conten-
ter du huitième.

Le lieutenant-gouverneur de Verdun fit saisir, en
1698, sur le marquis d'Esnes moitié de la seigneurie
de Mont, jusqu'à concurrence d'une somme de 500
francs, plus les frais de saisie.

Devenue propriété de la famille d'Halanzy, celle-ci
céda cette seigneurie, avec les hommes et les femmes
de Mont, à Renaud de Freschtemberg, comte de
Moncey, qui la conserva tranquillement jusqu'à la
Révolution.

*
* *

La guerre dite de Trente-Ans (1618-1648) était à
peine à ses débuts, quand la peste fit son apparition
dans les pays du Barrois et du Clermontois. Elle fit
de nombreuses victimes pendant les années 1623 et
1636. Dans l'espace de cinq mois, rapportent les
chroniques, plus de dix mille personnes, dans les environs de Dun et de Stenay, succombèrent à ce ter-
rible fléau. Ce n'était pas assez de cette calamité :
le peuple fut bientôt en proie aux horreurs de la
famine. Dans les campagnes, des bandes de pillards
semaient la terreur, et les habitants, pour sauver le
peu qu'ils pouvaient encore posséder, étaient obligés
de se réfugier dans les bois. Les choses saintes et sa-
crées n'étaient plus respectées. L'église de Mont,
prise par les bandits, qui en avaient fait leur asile,
fut canonnée par le maréchal de Châtillon, après
qu'il se fût rendu maître des châteaux de Murvaux et
de Vilosnes, et fait pendre leurs commandants.

Malgré la grande misère à laquelle elle était réduite, la communauté de Mont dut encore satisfaire aux réquisitions imposées pour l'entretien des troupes du roi de France, en possession des villes de Dun et de Stenay. Du 13 janvier 1637 au 10 mai 1638, trois mille cinq cents francs furent exigés, et, de plus, chaque habitant fut taxé à cinq francs par le lieutenant du bailliage.

Pour subvenir à de semblables exigences, la communauté vendit, le 2 janvier 1638, cent vingt arpents de ses bois et emprunta une somme de cinq cents francs.

Jean Collas, maire de Mont, avait été délégué par les habitants pour se rendre près du maréchal de Châtillon, afin de le fléchir en faveur de la communauté et obtenir de lui un sauf-conduit pour chacun de ses membres. Sa tentative n'obtint aucun résultat : car, arrêté et fait prisonnier, il ne fut rendu à la la liberté que le 2 juin suivant, après neuf mois de captivité.

Pendant bien des années encore, il y eut grande misère en ces lieux. Les dégâts commis par l'armée commandée par le duc d'Enghien furent si grands, qu'en 1614, il y eut disette complète. L'année suivante fut plus heureuse ; mais les eaux de *la Meuse* baissèrent à tel point, qu'on pouvait franchir cette rivière facilement ; aussi, les Espagnols, cantonnés à Chauvency et à Montmédy, en profitèrent-ils pour aller piller les communautés de Mont, de Sassey et de Montigny.

Pour mettre la Champagne à l'abri des pillards, des redoutes furent construites, en 1646, le long de la Meuse. Celle de Sassey, connue sous le nom de *Tour de Redon*, avait été placée sous la garde des habitants de Mont ; malgré leur vigilance, le 3 novembre 1647, le baron de Beck, gouverneur de Luxembourg, pour les Espagnols, passa la Meuse près de Villefranche, accompagné de 800 hommes et

600 chevaux, et alla ravager les communautés de Beaufort, Beauclair et Halles (1).

* * *

Les pâquis communaux, d'une contenance de trente-cinq arpents, rapporte M. Cordonnier, étaient jadis indivis entre Mont et Sassey. Nous avons vu que ces deux communuautés, qui ne formaient primitivement qu'un seul ban, furent séparées en 1307.

En 1621, une transaction faite entre les habitants de ces deux communautés, rendit les pâturages communs, pendant cinq années. Par cette transaction, les habitants de Sassey, tout en reconnaissant la communauté de Mont propriétaire des trente-cinq arpents de pâquis, n'avaient plus que le droit de parcours et de vaine pâture pendant le temps où il pouvait être exercé.

Un traité daté du 15 septembre 1635, fait aussi mention desdits pâquis (2).

Ces pâquis qui, en 1702, furent loués moyennant la somme de cinq cent six livres au profit de la communauté de Mont étaient réclamés, en 1770, par celle de Sassey, qui s'opposait à cette location. L'affaire fut alors portée devant le Parlement de Paris, qui donna sans doute raison à Sassey, car, en cette même année 1770, dans le partage que l'on en fit, quinze arpents furent attribués à cette dernière communauté.

* * *

Avant la Révolution, le four, les pressoirs et deux moulins banaux appartenaient à Léonard de Moriolles, qui les vendit. Un de ces moulins a été distrait

______

(1) Cordonnier, *Monographie de Mont-devant-Sassey,* p. 64

(2) V. *Journal de Montmédy,* 19 mai 1891.

de sa destination et converti en scierie ; le second a été reconstruit et continue à fonctionner.

A cette époque, Mont faisait partie du Clermontois ; il était du ressort de l'ancienne justice seigneuriale de la baronnie de Saulmory, suivait la coutume de Saint-Mihiel, prévôté de Dun, bailliage de Clermont, séant à Varennes.

Lors de la formation du département de la Meuse, par le décret du 26 février 1790, Mont fut incorporé au district de Stenay et au canton d'Aincreville.

* * *

Pour donner une idée de l'aberration des esprits à l'époque de la Révolution, nous empruntons à M. Cordonnier (1) quelques passages de deux délibérations du Conseil de la commune. Tout ce qui rappelait la Monarchie ne devait pas trouver grâce devant les Sans-Culottes, la plupart révolutionnaires de la lie du peuple, qui s'étaient formés en sociétés dites *Républicaines* jusque dans nos plus petits chefs-lieux de canton, terrorisant les paisibles populations de nos campagnes. Donc le 2 nivôse an II (22 décembre 1793) les sans-culottes Brutus (?), cirier, vice-président, Jean-Jacques Thiéry et Jean-Baptiste Gautier, secrétaire de la société républicaine de Dun, accompagnés de plusieurs de leurs associés, se présentèrent devant le conseil communal de Mont, à l'effet dit la délibération, « de donner au citoyen *Le Roy* « un nom autre que celui qui le porte ; vu que le « nom de *roy* doit être en horreur sur une terre libre. « Pourquoi ils lui ont donné celui de *Le Pelletier,* « comme étant le nom d'un vrai patriote et martyr de « la Liberté ; en conséquence, il a été arrêté que doré- « navant ledit sans-culotte Le Roy portera lui et les « siens le nom de Le Pelletier, et qu'il ne prendra

____

(1) *Loc. cit.*

« d'autre nom que celui-là dans tous les actes qu'il
« souscrira et auxquels il comparaîtra.......... » —
Ses parrains *civils* furent le sans-culotte Rouyer et
la citoyenne Marguerite Huart, épouse du citoyen
Jean Deshay, « qui ont nommé ledit *Le Pelletier*. »
Cet acte est signé des membres de la municipalité et
de la Société républicaine de Dun.

Le 7 nivôse suivant (27 décembre 1792), même dé-
baptisation d'un nommé Jean *Dauphin*. « Vu, dit la
« délibération, que le nom de *dauphin* doit être en
« horreur sur une terre libre étant le successeur d'un
« *roy*, c'est pourquoi ils lui ont donné le nom de *Lor-*
« *rain*. Etaient présents : le sans-culotte Etienne,
« fermier à Proïville, et la citoyenne Jeanne Pierson,
« épouse du citoyen Charles Godet, dudit Mont, qui
« ont nommé le Lorrain.... »

II. **La commune actuelle**

Mont-devant- Sassey, aujourd'hui village de l'ar-
rondissement de Montmédy, du canton et du bureau
de poste de Dun, de la perception de Brieulles, est
bâti à mi-côte, dans le val de Saulmory, sur le ruisseau des Thalettes (1) affluent de la Meuse, sur la
rive gauche de cette rivière et à proximité de la forêt.
Situé à 85 kilomètres de Bar, chef-lieu du département ; 8 de Dun, 26 de Montmédy et 77 de Saint-
Mihiel, chef-lieu judiciaire du département, il a pour
limites les territoires des communes de Saulmory et
Montigny au nord, Doulcon au sud, Sassey à l'est et
Villers-devant-Dun à l'ouest.

____

(1) Ce ruisseau prend sa source au-dessus de Mont et se
jette dans la Meuse entre Sassey et Saulmory, après un cours
de 4 kilomètres.

Le terrritoire de Mont est traversé par le chemin de grande communication n° 30, de Doulcon à Laneuville et à Beaumont.

· Le tableau des communes du département de la Meuse (1) indiquant les divers terrains et les substances minérales qui existent pour chacune d'elles, mentionne, pour la géologie de Mont : étage *corallien* — oxford-clay — colral-rag ; — moëllons et pierres pour les chemins.

La commune se compose d'une rue large et bien aérée, se trouvant dans de bonnes conditions hygiéniques, avec d'autres rues étroites. Quant aux maisons elles sont en partie basses et de petites dimensions. Quelques-unes sont munies de mansardes ardoisées. La contrée est plutôt viticole qu'agricole.

D'après le relevé fait par M. Cordonnier (2) sur les registres communaux, les dépenses faites dans la localité, pour ses bâtiments, ses chemins, etc., depuis l'année 1790 jusqu'en 1788, se sont élevées à la somme de 274.088 fr. 31 cent.

Sur ce chiffre, les écoles entrent en compte pour 46.384 fr. 31 c. ; les chemins vicinaux pour 44.872 fr.; la mairie pour 7.200 fr. ; les pressoirs communaux pour 10.900 fr. ; le cimetière pour 8.350 fr. ; la restauration de l'église, classée depuis parmi les monuments historiques — ce dont les habitants s'enorgueillissent — a coûté 111.585 fr., sur lesquels, en 1878, la commune a versé 4.266 fr. ; il y a une dépense de 10.072 fr. pour ses cloches ; les pompes à incendies et l'armement des pompiers, 2.800 fr. ; enfin, pour divers travaux, on trouve 31.925 fr.

Depuis le commencement de ce siècle, la population de Mont n'a fait que décroître. En 1793, il y avait

(1) **Amand Buvignier**, *Statistique géolog., minéralog., minéralurg. et paléontolog. du départ. de la Meuse,* in-8°, 1852, p. 614.

(2) *Loc. cit.*

624 habitants pour 166 feux ; en 1804, ce chiffre était tombé à 600, dont 296 du sexe masculin et 304 du sexe féminin. En 1836. il y a recrudescence : on compte 692 habitants pour 215 feux et 202 maisons ; mais en 1860, ce chiffre était descendu à 530 pour 192 feux et 181 maisons (1), enfin, en 1886, nous n'en trouvons plus que 466 pour 158 maisons. Le dernier recensement (1891) donne 464 habitants. La commune possède une école pour les garçons et une pour les filles.

Malheureusement, dans cette localité il est arrivé ce qui se produit dans beaucoup d'autres de notre département et principalement proche des grands centres ; d'une part l'émigration des habitants de la campagne, cédant leurs champs à vil prix, pour aller grossir les villes où ils ne rencontrent, la plupart du temps, que déceptions et misère ; d'un autre côté, la décroissance de la population, surtout dans une certaine classe de la société, laquelle, égoïste, veut se procurer plus de jouissance et de bien-être, et sa tendance à ne laisser qu'à un seul héritier, qui la dissipera peut-être, un patrimoine paisiblement amassé par la famille à la sueur de son front !

Autrefois, la plupart des chefs de famille exerçaient la profession de cordonniers ambulants. Pendant la belle saison, ils émigraient pour ne rentrer au logis qu'à l'automne ; mais aujourd'hui on n'en compte plus qu'un petit nombre : les habitants se livrent à l'agriculture.

D'après la statistique agricole annuelle de 1889, dressée le 2 janvier 1890, la superficie totale du territoire est de 822 hectares 88 ares, qui se décomposent ainsi qu'il suit : — 127 hectares sont semés en

(1) En 1854, l'épidémie cholérique fit de nombreuses victimes à Mont. Sur 35 décès, il y eut 28 personnes atteintes de l'épidémie, parmi lesquelles 18 succombèrent pendant le mois d'août. (Cordonnier, *Monographie...*, Ms., p. 48).

céréales ; 28 h. sont plantés en pommes de terre ; 5 h. en betteraves ; 23 h. en prairies artificielles ; 41 h. en prairies naturelles ; 5 h. en fourrages annuels (1) ; 65 h. sont plantés en vignes (2) ; 5 h. en légumes de toutes sortes. — La commune possède 350 h. 32 ares de bois et les particuliers 137 h. 70 ares. — Il y a 15 h. 60 ares de jachères mortes et 1 h. 25 ares de friches et de terres incultes. — Les routes, chemins et sentiers comptent pour 10 h. 14 ares ; les cours d'eau pour 3 h. 60 ares ; le chemin de fer pour 1 h. 06 ares ; les terrains bâtis : a) appartenant à la commune 20 ares, b) aux particuliers, 2 h. 40 ares : enfin, les rues, places publiques, aisances et cimetières entrent en compte pour 1 h. 60 ares.

Quant aux animaux de ferme possédés par les habitants, ils se résument ainsi : 30 chevaux, 3 ânes, 1 taureau, 54 vaches, 41 bouvillons ou génisses, 150 porcs, 52 boucs et chèvres.

*
* *

Depuis 1826, une nouvelle industrie est venue s'installer à Mont : une fonderie de cloches y fut créée par un membre de la famille Farnier, — Claude-Alexis (3), né à Sauvigny en 1793, et marié à Mont en 1826. — Depuis son établissement jusqu'en 1889, cette fonderie avait livré 1057 cloches, dont 510

____

(1) Le rendement des fourrages a été évalué, pour 1889, à la somme de 34.385 francs.

(2) Ces 65 hectares ont produit 1.300 hectolitres de vin estimés 40 francs l'hectolitre.

(3) Il était fils de François Farnier, fondeur à Sauvigny, qui avait fondu, avec Martin Michel, de Romain-sur-Meuse (Hte-Marne), la grosse cloche de Montigny-les-Vaucouleurs. (Léon Germain, *Les fondeurs de cloches lorrains*, dans les Mém. de la Soc. des Lettres, Bar-le-Duc, 1887 ; p. 16 du tirage à part).

représentant un poids total de 302.267 kilos (1) sont à l'avoir d'un des petits-fils du fondateur de cette maison : M. Farnier-Bulteaux, qui l'exploite encore aujourd'hui.

Parmi les mayeurs ou maires connus, qui ont administré la commune de Mont, nous avons pu relever :

Avant la Révolution :

1603. Evithiel Linspintel.
1615. Jean Raulin.
1622. Jean Pierre.
1631. Sandrin Pétré.
1632. François Gibaud.
1637. Jean Collas. Pour contraindre la communauté à payer les contributions de guerre dont elle avait été taxée, il fut emmené prisonnier à Stenay ; sa mise en liberté eut lieu le 20 juin 1638.
1638. Jean Moreau.
1659. François Adam.
1662. Claude Grandjean.
1664. Didier Godart.
1667. André Huber.
1668. Nicolas Monnart.
1673. Nicolas Vuillemin.
1682. Claude Godart.
1689. Jean Moraux.
1695. Nicolas Mensiaux.
1698. Alexandre Godet.
1702. Pierre Vuillemin.
1704. François Bonnal.
1711. Henri Moreau.
1718. Jean Buche.
1719. Urbain Beaufort.

(1) Cordonnier, *loc. cit.*

1722. Pierre Pierson.

1722-1724. Nicolas Thiérion. Comme juge de police,
il a rendu trente jugements la première année de son administration, pour délits commis sur le territoire de la commune, et vingt
pour délits forestiers et autres, du 17 septembre 1723 au 20 janvier 1724.

1725. Pierre Vuillemin.

1727. Pierre Godet, le jeune.

1738. Anthoine Pierson.

1742. Nicolas Petit.

1746. Pierrot Vuillemain.

1747. Jean Godet.

1754. Gérard Décosse.

1759. Pierre Vuillemin, cadet.

1765. Jean-Baptiste Godet.

1769. Henry Jacquet.

1770. Pierre Thiérion.

1772. André Godet. Il assista, avec le procureur fis-
cal garde marteau et Louis Blondellet, avo-
cat en parlement, maître particulier des
eaux et forêts du comté de Dun, commissaire en cette partie, délégué du grand-
maître des eaux et forêts du Clermontois, à
plusieurs adjudications faites, soit pour les
réparations à faire à l'église, soit pour la
construction de fontaines, en 1772, 1775 et
1778. La pierre propre à ces divers travaux
devait être extraite des carrières de Mont.

1778. Urbain Beaufort.

1782. Michel Pierson.

1784. Jacques Destez, bachelier en droit civil et ro-
main.

1787. Thierry Petitpas.

1789. Charles Vuillemin.

Depuis la Révolution :

1790. Grillot.

1792. Nicolas Pierson.

An VII. J. Godet.

An XI. J. Deshay, le jeune.

1808. Nicolas Binarmont. Avec son adjoint, Claude Jacquet, il fit subir un examen à Pierre Chauvancy avant de l'admettre aux fonctions d'instituteur pour la commune de Mont.

1813. Jean-François Simon. Le 10 avril 1813, il signa une autorisation provisoire accordant à Pierre Chauvancy l'exercice des fonctions d'instituteur primaire dans la même commune.

1815. Charles Henrion.

1818. Nicolas Grillot.

1834. François Grandjean.

1836. Jean-Baptiste Godet.

1848. Jean-Baptiste Deshay.

1859. Christophe Godet.

1871. Auguste Lambotin.

1878. Adolphe Henrion.

1879. Auguste Lambotin.

1881. Victor Godet.

1884. Auguste Lambotin.

1888. Ferdinand Deshay.

1892. id.

III. **La paroisse de Mont et son église**

Primitivement, la paroisse de Mont faisait partie du diocèce de Reims, de l'archidiaconé de Champagne et du doyenné de Dun.

Le diocèse de Verdun ayant été réorganisé en 1823, cette paroisse y fut incorporée ; aujourd'hui, elle fait partie de l'archiprêtré de Montmédy et du doyenné de Dun.

Elle a pour patronne la Sainte Vierge dans son Assomption (15 août).

L'église de Mont (1) est située tout à fait en dehors du village, sur le penchant d'une colline ; la montée est assez rude ; mais la vue dont on jouit de la plate-forme du portail, ornée d'un vieux marronnier superbe et d'un orme colossal, récompensent amplement de la fatigue. La position et l'importance de l'édifice semblent indiquer qu'il ne s'agissait pas d'une simple église paroissiale ; on en attribue la fondation à Pépin de Landen, parfois considéré comme saint, et aux dames de Mont, ses filles. Etaient-ce des religieuses ? Les traditions sont extrêmement vagues, (2) les historiens sont muets (3) et les documents font défaut ; on dit seulement que la cure était à la nomination des chanoinesses d'Andenne, près de Huy (Belgique), et que le corps de sainte Begghe, fille de Pépin de Landen et patronne des Béguines,

(1) Communication de M. Léon Germain, membre de plusieurs sociétés savantes, officier d'Académie, qui a bien voulu nous communiquer la notice qu'il a faite sur cette église, laquelle notice a, depuis, été insérée dans les *Mémoires* de la Société des Lettres de Bar-le-Duc, et a eu un tirage à part 1888, in-8° de 37 pages.

(2) Toutefois, une tradition paraissant plus précise que beaucoup d'autres, rapporte qu'un couvent, dit *des Dames de Mont*, était établi en avant de l'église, dans les vignes actuelles à l'est ou au midi. Ce couvent aurait pu être détruit pendant la guerre de Trente-Ans, par les Suédois, qui, dit-on, ont assiégé et brûlé en partie l'église de Mont, vers 1630 (ou 1635 ?).

(3) M. Jeantin, *Manuel de la Meuse*, t. II, p. 1336-1345 et 1391-1344, indique quelques faits touchant l'histoire de Mont, où il y a bon nombre d'erreurs. Rien de précis ne s'y trouve concernant l'église, sinon la mention des sièges de 1632 et 1634... (Note de M. Léon Germain).

était conservé dans l'église de Mont (1). Vers 1860, elle fut classée parmi les monuments historiques.

« La nef de cette église, avec les bas-côtés et la tour qui la précède sont gothiques ou de l'époque de transition, apparemment du XIIIe siècle, mais avec des remaniements postérieurs ; la partie supérieure du clocher est du XIVe siècle ; les pignons du transsept ne remontent qu'au XVIe ; le chœur est éclairé par une grande fenêtre en plein-cintre ; un curé les avait garnis de meneaux gothiques pour les harmoniser avec la nef, mais on les a rétablis dans leur état primitif. Les combles sont vastes et la charpente admirable ; il est probable que dans les temps de guerre les habitants ont souvent cherché là leur refuge ; l'église paraît, du reste, avoir été fortifiée. Au nord-ouest, on remarque une rangée de meurtrières, situées au-dessus des fenêtres et donnant dans les combles qui surmontent la nef latérale. Sur l'un des côtés, près de la tour, deux pierres en encorbellement font supposer un ancien machicoulis. D'après la tradition, l'édifice aurait été assiégé et brûlé par les Suédois pendant la guerre de Trente-Ans, en tout cas, il a dû certainement subir un incendie, car nous

(1) Les archives de l'ancien chapitre d'Andenne constatent que depuis l'origine (VIIe sièc'e) jusqu'à la suppression de cette institution, en 1793, le chapitre a continuellement possédé des biens dans le Clermontois et qu'il avait la collation de l'église de Mont. — Les églises de Mont et d'Andenne étaient construites sur un même modèle, avec une crypte.... L'église d'Andenne, démolie au siècle dernier, datait de l'an 1050.... Les chanoinesses chassées de nos contrées par les Normands, firent un séjour d'un demi-siècle dans leurs possessions des environs de Dun.... Il est probable qu'elles firent construire à cette époque des habitations qui ont conservé, dans la suite, le nom de cloître... Il paraît que quelques reliques de sainte Begghe furent transportées à Mont ; mais le corps n'y a jamais été.... (Lettre du baron Moisson à M. Léon Germain).

avons vu, dans les combles, de nombreux moëllons calcinés par le feu ; on ajoute même que les voûtes de la grande nef furent détruites, ce que semble attester un document relatif à une demande de secours pour rétablir ces voûtes ; document qui serait, dit-on, entre les mains d'un architecte.

« Les travaux de restauration du chœur ont mis en évidence les bases de deux tours carrées dont on soupçonnait à peine l'existence passée et qui se trouvaient aux angles du chœur et du transsept ; on les a rétablies : c'est peut-être ce qui a été fait de mieux. Pour le chœur, non content de réparer les murailles et la corniche supérieure, on s'est imaginé de surélever les murs de plus d'un mètre et de percer cette partie d'œils-de-bœuf ; un tel exhaussement nous paraît illogique : l'aspect en est laid, puisque la corniche ancienne couronnait naturellement le chevet ; enfin il a été dépensé en ces travaux beaucoup d'argent qui aurait pû être infiniment mieux employé ailleurs. »

Nous ne suivrons pas M. Léon Germain dans tous les détails qu'il donne sur ce remarquable édifice, nous dirons seulement que le portail latéral, malheureusement masqué par un porche (1) élevé au XVIIIᵉ siècle, est ornée de douze grandes statues, parmi lesquelles on croit nommer celles du roi Dagobert, de Charlemagne, de Pépin de Landen, fondateur de l'église, et du patriarche Noé ; puis viennent ensuite celles d'Abraham, de Moïse, d'Adam et d'Eve : ces deux derniers personnages, remarque M. Léon Germain, sont plus vêtus que d'habitude,

(1) Ce porche fut sans doute bâti pour abriter les habitants quand ils étaient appelés à délibérer sur les affaires communales : porche qui n'a plus sa raison d'être, et avec les matériaux duquel on pourrait réparer avantageusement et à peu de frais certaine partie de l'édifice.

un curé, trop scrupuleux a cru devoir leur mettre de véritables jupons en mortier ou en terre glaise ; enfin, après les statues de saint Pierre et de saint Paul (1) viennent deux autres personnages sur lesquels on ne pourrait donner une définition exacte.

Le tympan se divise en trois zones étagées, dans lesquelles figurent des scènes du Nouveau Testament. Quant aux voussures, il y en quatre : dans la première, on comptait douze statuettes ; dans la deuxième, dix ; dans la troisième, huit ; dans la quatrième, six.

Nous terminerons la monographie de cette église en notant qu'elle possède une crypte remarquable (la seule, sauf celle de récente construction de l'église Saint-Jean de Bar-le-Duc, que possèdent les 600 églises de la Meuse). « Le milieu ou *cella* de cette chapelle « souterraine, formé de six colonnes isolées, répétées « autour de l'enceinte par douze colonnettes dont la

---

(1) Les socles de ces deux statues offrent de précieuses inscriptions, en vers, gravées en lettres gothiques minuscules, sauf les initiales, qui sont majuscules... En voici le texte, relevé par M. Léon Germain :

Statue de saint Pierre :

> Henry Martel·de Mons cure jadis :
> dona·ceans·pour·lamour dieu aquerre :
> ces ymages·de saĩt pol et saint pierre :
> priez a dieu·quil li doint paradis : (a)

Statue de saint Paul :

> Mil quatre cens et trent deux
> henry martel qui de·ceans
> en forte guerre et temps doubteuˣ,
> cure fut environ vin ans
> taillier et paindre noᵍ fist toᵍ deux
> prics pour luy petis et grans (b)

(a) Sont liées les lettres : *do* du mot *dono*.
(b) Sont liées les lettres : *do* de *doubteux*, *de* de *deux*, *pe* de *petis*.

« tangente seule adhère aux piliers qui en circons-
« crivent le plan ; les colonnes supportent douze voû-
« tes d'arêtes et vingt-neuf arcs doubleaux, surhaus-
« sés, sur quoi reposent le sanctuaire et le chœur de
« l'église, au-dessus. La hauteur de ce monument,
« d'une architecture gothique-lombard (époque de
« Charlemagne) (1), est de six mètres.

« Quant à l'église, le chœur est très beau, orné de
« figures, de colonnes, de pavés de marbre, de magni·
« fiques boiseries sculptées ; le reste est lourd ; la tour
« de l'extérieur est gothique aussi ; mais la flèche
« bien plus récente. (2) »

En avant des deux rangées de bancs de la nef sont
placées les tombes en marbre de deux curés du
XVIIIe siècle. Sur la première de ces tombes, du
côté de l'Epitre, dans un encadrement rectangulaire,
se voit un blason ; *d'or, à trois fasces, chargées de
quinze sautoirs alésés ;* l'écu surmonté d'un chapeau
ecclésiastique, à trois houpettes (deux rangs) de chaque côté. On lit cette inscription :

QUIESCIT HIC

JOANNES FRANCISCUS GALOPIN PRESBITER

DUNENSIS DECANUS HUJUSCE PAROCHIÆ

EX

ANNO M DC LXXXIIII

AD

ANNUM M DCC XXXVI

PASTOR FIDELIS

DECRETIS SUMMI PONTIFICIS ET SUPER, HIS

ARCHIEPISCOPORUM MANDATIS

(1) Saint-Médard de Soissons et l'église de Mont-Mayeur
d'Arles, sont les seules églises que la France possède de la
première race de ses rois.

(2) Extrait d'un rapport fait, en 1838, par M. Oudet, architecte à Bar-le-Duc, au Comité historique des arts et monuments.

OBEDIENS SEMPER
Fidei catholicæ addictissimus
PIE VIXIT
et obiit christi cola
idibus maii anno salutis m dcc xxxvi

Requiescat in pace

Fosse du pont darche (1)

Sur la seconde tombe, en ardoise, qui se trouve placée en avant de la rangée des bancs du côté de l'Evangile, on voit gravé un calice surmonté d'une hostie, ornée d'une croix latine, et accosté de deux burettes, avec cette inscription :

Cy git

M^{tre} Gabriel Person Prêtre Curé de cette Paroisse et de celle de Sassey, qui après les avoir gouvernées avec zèle et édification pendant 34. ans. est decédé dans celle cy le 20. juin 1770. agé de 64. ans, laissant aux dittes paroisses des témoignages de son amour et de sa charité envers les pauvres

Requiescat in pace

La tombe du vénérable curé Martel, en pierre d'ardoise, se trouve aujourd'hui dans une maison particulière ; elle est mutilée et sciée en deux morceaux, dont chacun sert d'âtre dans une chambre différente : les deux morceaux réunis, cette dalle mesure

(1) Arches, près de Charleville (Ardennes), *(Note de M. Léon Germain).*

1^m33 de large. On peut y lire l'inscription ci-dessous, en lettres gothiques :

> Cy dessous gist le corps de feu messire
> henry martel de Sascey...... prebtre ?
> jadis curez de ceste esglise m...........
> biens et reparacions teile (?).........
> alleurs et trespassa en lan de grace de
> nre seigneur mil cccc xlvi le viii iour
> ....
> ..... priez dieu pour son ame

*
* *

Avant la Révolution de 1789, l'église de Mont possédait cinq cloches, dont trois étaient placées dans le grand beffroi et deux dans le petit. Le Directoire avait fait enlever trois de ces cloches, il ne resta que la plus grosse d'elles dans chacun des deux beffrois. En 1826, on compléta la sonnerie du grand beffroi en y installant deux nouvelles cloches ; mais en 1832, en raison du peu d'accord qui existait entre elles, les quatre cloches furent jetées au creuset pour en refondre trois donnant un son moins discordant.

La plus grosse des anciennes cloches pesait onze cents kilogrammes ; autour du caveau, au-dessous de l'anse, on lisait sur une seule ligne, en lettres minuscules de 0^m06 :

> Mille quatre cent trente quatre henry martel
> cure de Mont

La seconde des cloches qui avait échappé au décret révolutionnaire ne pesait que trois cents kilogrammes et portait la date de 1721.

Dans l'église, on remarque encore quelques pierres tombales, entre autres une de petite dimension (0^m25 × 0^m25), portant cette inscription :

<pre>
Cy·devant·Gist
Icqve (1)·de·S·Bos
Sant il·movrt
Age·de·17
mois·le
24·iving
1.609
</pre>

***

Dans le cimetière, qui entoure l'église, on remarque une borne de petite dimension dont les angles sont émoussés, et sur laquelle se trouve une inscription très fruste en minuscules gothiques, qui a été ainsi déchiffrée par M. Léon Germain :

<pre>
Cy gist noble escuyer
pierre quarre q tres
passa de ce monde
le xxiiij jo daoust
mil cinq cens et
dixhuit (?) priez
dieu po son ame
</pre>

« C'est une rareté, ajoute M. Léon Germain de trouver une tombe du commencement du XVIe siècle dans un cimetière ; c'en est une autre de voir un « noble escuyer » se faire enterrer, non dans l'église, mais en dehors, sous un tout modeste monument. »

***

Nous n'ignorons pas ce que cette église remarquable eut à souffrir pendant la guerre de Trente-Ans. Cinq années après la conclusion de la paix, en

---

(1) Le Q est mal formé ; les lettres VE sont liées. — Cette inscription ainsi que les suivantes ont été relevées par M. Léon Germain. (V. *Mémoires* de la Société des Lettres de Bar-le-Duc, 2e série, t. VII).

1653, des soldats cantonnés dans le pays, s'étant retirés dans son enseinte pour y trouver un abri, y furent poursuivis : on employa le canon : la nef et une partie du chœur furent brûlés. La communauté, ayant quelques fonds en réserve, et désirant réparer, autant qu'il était en son pouvoir, les dégradations commises par l'ennemi, adressa une requête à messire Charles - Maurice Lhotelier, archevêque de Reims, afin d'obtenir la permission de les employer à sa réfection ; de plus les marguilliers sollicitaient l'autorisation de faire des quêtes, dont le produit, ainsi que celui de la vente de deux cloches, seraient affectés à la même destination.

Le prélat, qui était en visite pastorale, accueillit favorablement la requête des habitants de Mont. Le 9 mai 1668, il donna une somme de 75 livres, pour fournir à Jean-Louis Nicolay, leur curé, un ciboire et un soleil d'argent ; en même temps, il prescrivit d'employer le reliquat des recettes de la fabrique, ainsi que 300 livres qui lui étaient dues, à la répararation de l'église. Le portail ne devait être entrepris qu'après avoir terminé la nef.

En 1717 eut lieu la réfection du clocher, deux pans furent recouverts en ardoises pour la somme de 90 livres.

Le portail et le péristyle furent reconstruits en 1764, sur une longueur de cinq toises. Claude Dumont, maître maçon à Mont, se rendit adjudicataire de ces travaux pour une somme de 5.000 livres.

Enfin, en 1784, pour ne tenir compte que des travaux de réparation qui furent entrepris avant la Révolution, Pierre Bourgain, de Mont, se rendit adjudicataire de la réfection de la toiture moyennant 640 livres.

En 1791, la fabrique de l'église se vit dépouillée des biens qu'elle possédait. Mis en vente au district de Montmédy le 1er pluviose an II (20 janvier 1794), le conseil général de la commune délégua plusieurs de ses membres pour essayer d'en faire le rachat d'une partie.

L'officialité de Reims, par une sentence rendue le 6 septembre 1692, condamna les habitants de Mont et de Sassey à acheter ou à construire une maison presbytérale à Mont. Cette dernière communauté devait contribuer pour les deux tiers de la dépense et Sassey pour l'autre tiers.

En vertu de la loi du 5 novembre 1790, le presbytère et le jardin curial furent vendus au profit de la Nation. Au rétablissement du culte catholique, ces propriétés furent rachetées aux premiers acquéreurs : Jean Grillot, Jean Henry et François Leroy, pour la somme de 4.788 francs en principal. Cette propriété tenait au couchant sur la ruelle qui conduit au moulin, au midi sur le ruisseau dudit moulin et au nord sur le chemin qui conduit à Sassey.

Nous avons pu relever les noms suivants des pasteurs qui ont administré la paroisse de Mont, sous l'ancien régime :

Henri Martel, † 1441. En 1432, il fit poser les statues des apôtres S. Pierre et S. Paul à l'extrémité de l'escalier du chœur.

. . . .

Jean Monot, curé en 1662, † 1671.

François-Louis Nicolaï, 1673, était encore doyen de Dun et curé de Mont en 1683, † 1697.

1697. Jean-François Galopin, † 1736.

1737. Gabriel Person, curé, † 1770.

1738. J.-B. Houot, vicaire.

1739. J. Royer vicaire.

1746. P. Ponsardin, vicaire.

1750. P.-J. Laviarde, vicaire.

1752. J.-A. Rouveire, vicaire.

1755. Charles Nicaise, vicaire.

1759. P.-A. Marteau, vicaire.

1769. P. Druart, vicaire.

1770. Philippe Blondeau *ou* Blondelet, curé de Mont
et Sassey, émigra en 1791 à Bonn-sur-le-Rhin,
ayant refusé le serment constitutionnel.   .

1772. P.-N. Putiot, vicaire.

1785. P. Drapier, vicaire.

1787. Louis Brion, vicaire. Il refusa, le 11 mars 1791,
avec l'abbé Blondelet, son curé, de prêter le
serment constitutionnel.

1791-93. Philippe-Louis Toussaint. Il fut expulsé du
presbytère de Mont en vertu d'une notification
donnée par les autorités de la commune, à la
diligence de Jean-Baptiste Maillard, notaire à
Halles et commissaire de l'administration du
district de Montmédy, à la suite d'un arrêté
émanant du fameux représentant du peuple
Malarmé, dont la mémoire exécrée est encore
vivace dans nos contrées. Il fut vicaire à Montigny et mourut curé de Sassey en 1831.

1803. 25 juin. Nicolas Radière, desservant l'église de
Mont, fit demande d'une somme de trois cents
francs au sous-préfet de Montmédy, pour faire
l'acquisition de vases sacrés, parce que le calice dont il se servait était en étain. En exécution d'un arrêté du préfet de la Meuse, le conseil municipal fut convoqué extraordinaire-
ment pour en délibérer. Après avoir renvoyé la
demande du curé au conseil de fabrique, la délibération ajoute... « que la desserte de l'église
« n'a pas encore chaumée par le deffaut des ob-
« jets nécessaires à la célébration du culte et
« que cela peut continuer sans inconvénient.
« Car, ce n'est ny le prix ny le brillant d'un
« vase qui coopèrent aux ministères des Sts-
« Sacrifices, l'onction, la croïance et la piété du
« Ministre est ce qu'il faut.

« On conviendra cependant qu'il est plus
« attrayant de boire dans une couppè de vermeil
« que dans une d'étain ; mais comme la sensua-

« lité ne doit entrer pour rien dans les cérémonies
« religieuses, un Prêtre ne doit donc pas faire
« attention à la matière des vases dont il se sert,
« car ceux qui furent emploiés aux noces de
« Cana, n'étaient tout bonnement que d'argile,
« et le miracle ne s'en fit pas moins. ».........
L'abbé Radière fut donc débouté de sa demande. Il fut nommé curé cantonal de Pierre-
fitte le 18 juillet 1811.

1811 à 1817. Pons Garrez.

1817. Charles-Sébastien Simon ; transféré à Avioth
en 1822.

1822. Antoine-Joseph Krouber ; vicaire de Saint-An-
toine de Bar en 1823.

1823. Jean-Joseph Jeandin ; curé de Laneuville-sur-
Meuse en 1830.

1830. Joseph Imoff.

1834. Georges Manget ; curé de Sampigny en 1853.

1853. Hippolyte - Henri - Joseph Chibaux ; curé de
Liny-devant-Dun en 1856.

1856. Charles-Jean-Baptiste Robinot ; curé de Béthe-
lainville en 1860.

1860. Nicolas-Ambroise Foliot ; curé d'Aulnois-sous-
Vertuzey en 1868.

1868. Jules Henrion ; curé de Lavoye en 1873.

1873. Jacques Chépy, † le 13 février 1885.

1885. Joseph Lejeune ; curé de Lacroix-sur-Meuse en
1889.

1889. Lucien - Auguste Lecourtier, desservant ac-
tuel (1).

(1) Communication de M. l'abbé Robinet ; extrait de son
Pouillé du diocèse de Verdun, 4 vol. gr. in-8. L'archiprêtré de Verdun a paru ; celui de Bar-le-Duc est sous
presse.

IV. La chapelle Notre-Dame

Au pied du coteau de Mont, près d'une fontaine, s'élève une petite chapelle dédiée à la Sainte Vierge, qui fait l'objet d'un pèlerinage assez fréquenté.

A propos de la dénomination du mot *centenaire* employé dans une nouvelle donnée par le *Journal de Montmédy* et destinée à annoncer la fête de ce pèlerinage, une polémique s'est engagée, au mois de mai 1891, dans ce même Journal. Nous allons résumer, en quelques lignes, les longs articles de cette polémique, sans rien affirmer sur l'authenticité des faits qui y sont consignés.

« Cette chapelle, écrit Madame veuve Fontenelle, « née Grandjean, fut bâtie par mon père, mais avec « un autel surmonté d'une statue de la Sainte « Vierge (1).... » « La fontaine, dit-elle encore, a « été reconnue miraculeuse de longue date, quoique « personne ne peut me dire l'époque ; on la nommait « *la fontaine* Notre-Dame. Mon père l'a fait voûter « et a fait poser quelques marches pour y descendre ; « il n'a touché en rien à la cavité ; on pouvait y pui- « ser de l'eau ou y tremper des linges, selon la « dévotion des personnes..... »

Il paraîtrait que loin d'être un *centenaire*, d'après le contradicteur de Madame Fontenelle, ce pèlerinage ne remonterait que vers l'année 1818 ! mais l'existence de la chapelle serait postérieure à cette date, et plusieurs fidèles auraient contribué aux frais de sa construction.

Une croix avait été érigée, dit-on, en 1785 ou 1786, par Nicolas Grandjean, près d'un ancien vivier seigneurial, en souvenir de la perte qu'il avait faite de ses deux petites filles.

(1) *Journal de Montmédy,* 29 mai 1891.

L'inauguration solennelle du pèlerinage à la chapelle et à la fontaine, loin de remonter à cent ans, se serait fait le 1ᵉʳ mai, premier dimanche de ce mois, de l'année maudite, 1870 !

Avant cette époque, tous les samedis du mois de mai, à l'heure de midi, et pendant que la cloche tintait *l'Angelus*, les pèlerins se formaient en procession, pour faire le tour de la chapelle.

Notre ami, M. Philogène Pierrot, rapporte, lui aussi, un souvenir personnel. Il nous dit que sa digne et regrettée mère, lui contait « bien souvent, aux jours lointains de son enfance, que la chapelle de Mont-devant-Sassey avait été érigée, à la suite d'un vœu, par le père d'une enfant qui s'était égarée dans la forêt et qu'une grande dame, magnifiquement vêtue, était venue prendre par la main pour la guider à travers la forêt et la ramener dans le chemin du village. »

Ceci se serait passé au commencement de ce siècle (1).

V. **Les maistres-escoles**

A entendre certaines personnes, l'instruction donnée aux enfants du peuple ne daterait que d'hier. Cependant, quand on dépouille les archives communales, on peut voir que nos devanciers n'étaient pas en arrière sur ce sujet. Sans sortir du rayon qui nous occupe, nous remarquons que le 16 février 1683, Arnould Chaillier passe un traité avec le maire et le curé de Mont, par lequel il s'engage à apprendre aux enfants de la communauté à prier Dieu, le catéchisme, à lire et à écrire chacun suivant sa capacité ; à servir le curé de Mont à l'église, à l'administration des sacrements et services, à porter l'eau pour faire l'eau bénite et à fournir le sel nécessaire pour cet

(1) *Journal de Montmédy*, 5 juin 1891.

usage, à sonner trois fois les *Ave Maria*, le matin, à midi et le soir ; il devait en outre faire porter l'eau bénite dans chaque maison. Pour sa rétribution, ledit maitre-école devait lever la pâte toutes les semaines sur chacun des bourgeois cuisant au grand four ; il avait aussi « pour le droit et paye de *marlier*, trente livres ; pour le droit et rétribution des anniversaires « qui se disaient à l'église, neuf livres, laquelle somme devait lui être payée à la Saint-Martin d'hiver et à la Saint-Jean-Baptiste par les marguilliers de l'église ; il devait jouir, comme les autres bourgeois, de tout droit et usage, et était exempt de toute taille et subside, à l'exception des droits seigneuriaux et de force majeure. Ce traité fut signé « en présence de Henry Moreaux et Richard Tronson, cuistre et marguilliers de la fabrique Notre-Dame dudit Mont (1). »

Arnould Chaillier est le plus ancien maistre-escole connu de Mont.

En 1775, Jean-Baptiste Louis, fontainier, du lieu de Mouzon, se rendit adjudicataire, moyennent la somme de 2.700 livres, pour la confection d'une fontaine, et d'un bâtiment devant servir de cellier et d'écurie au maistre d'escole.

Mais qu'il y a loin de ce temps à ce jour, où chaque instituteur, pour un service d'écolage d'environ 230 à 240 jours par année, reçoit un traitement convenable, et jouit d'un logement confortable, parfois princier, accompagné d'un jardin. Enfin, ne sommes-nous pas dans le progrès ?

Il est vrai qu'en ces temps *barbares*, on ne délivrait pas encore de certificats de capacité pour régenter une école, ainsi qu'on le fait aujourd'hui. La délivrance de ces certificats ne date guère que de la Révolution. Primitivement, pour être admis à exer-

(1) M. Cordonnier, *op. cit.*, p. 146.

cer les fonctions d'instituteur ou d'institutrice, il fallait subir un examen devant un jury réuni au chef-lieu du district, et après avoir présenté un *certificat de civisme*, les candidats étaient interrogés sur la lecture et l'écriture, *la Déclaration des droits de l'homme*, la morale et instruction républicaine, les éléments de la langue française, parler et écrire, le calcul simple et l'arpentage ne venaient qu'ensuite.

Le certificat de capacité devait être transcrit sur les registres de délibération de la commune où le titulaire devait exercer (1)

(1) Voici le texte d'une « *Commission d'Instituteur* délivrée au citoyen Pierre Henry, » le 13 floréal an III.

« Aujourd'huy vingt huit Floréal, 3eme année Républicaine, « s'est présenté à la Maison commune de Mont, le citoien « Pierre Henry, domicilié en cette commune, muny d'une « Commission d'ynstituteur, qui nous a requis conformément à « laditte Commission, de l'Enregistrer sur le Registre de Dé-« libération de la Municipalité dud^t. lieu. Ce à quoi nous « avons obtempéré. »

« Suit laditte Commission.

« *Extrait des Registres du District de Montmédy.*

« Cejourd'huy treize Floréal an trois de la République, une « et Indivisible.

« Nous, Jean Remy, d^{ant} à Marvile ; Louis-Morice-Nicolas « Creusot, d^{ant} à Stenay ; Charles-Gabriel Thiebeau, d^{ant} à « Montmédy, membres du Jury d'Instruction publique du District de Montmédy.

« Assemblée en la Salle des Séances de l'Administration en « exécution de la Loi du 27 Brumaire an 3eme ;

« Après Invitation par affiche à tous citoyens désireux de se « vouer aux fonctions de l'Enseignement de se présenter au « Concours qui seroit ouvert aux jour, lieu et heure, pour le « choix d'Instituteurs et d'Institutrices dans les communes de « ce District ;

« Lecture faite aux citoyens réunis en laditte salle du Décret « dud^t jour 27 Brumaire, des Instructions, Discours, lettre « de la Commission exécutive y relatif, ensemble du tableau « des communes pour le placem^t des chefs-lieux et la réunion

Le 4 juin 1811, Nicolas Binarmont, maire, et
Claude Jacquet, son adjoint, après avoir fait annoncer par la voie du journal, qu'un concours pour la
place d'instituteur aurait lieu dans la commune de
Mont, procédèrent à un « examen scrupuleux » sur
la capacité du sieur Pierre Chauvancy, natif de
Pouilly, canton de Stenay, qui exerçait déjà dans la

« de celle qui doivent fournir à leur population, en ce que no-
« tre travail sur ces deux objets, outre les inconvéniens de
« l'éloignement des Communes réunies entre elles : ne pro-
« cure pas encore à l'Instruction les locaux les plus avanta-
« geux.

« Ces considérations nous ont paru mériter un examen ré-
« fléchi avec l'Administration d'après lequel nous avons arrêté
« que les Chefs, et la réunion de leur population seroient fixé
« comme il suit :

« Mont chef-lieu, réuni avec Sassey et Doulcon, le C^{en}
« Pierre Henry.

« Le sus-nommé nous ayant individuellement exibé son cer-
« tificat de civisme, a été examiné et interrogé sur la lecture
« et l'écriture, la Déclaration des DROITS de l'homme, la Mo-
« rale, et Instruction Républicaine, les Eléments de la Langue
« française, parler et écrire, le Calcul simple et l'Arpentage.

« Duquel Examen il résulte qu'il a, et peut acquérir avec
« plus de perfection les qualités et connoissances nécessaires
« à l'Enseignement public.

« Pourquoi avons nommé, et nommons le C^{en} Pierre Henry
pour Mont.

« Et sera la présente Nomination soumise dans le jour à
« l'Administration pour y être confirmé s'il y a lieu.

« Avons continué le Concours pour la Nomination d'une
« Institutrice dans chacun des Chefs-lieux sus-désignés, les
« quintidy et décaty du présent mois de Floréal, et Prairial
« prochain, auxquels jours, les Citoyennes pourront se pré-
« senter en la salle des séances de l'Administration, les neuf
« heures du matin.

« Signé : THIEBEAU, REMY et CREUSOT

« La présente Nomination confirmé par Nous, administra-
« teurs du District de Montmédy, aux termes de l'article deux

commune de Tétaigne, canton de Carignan (Ardennes). Le candidat ayant été jugé capable de remplir la place de maître d'école et après avoir accepté les charges, clauses et conditions imposées, fut déclaré admis en présence et du consentement des habitants. Son entrée en fonctions devait commencer le 24 juin suivant.

Les clauses du traité étaient :

a) Les écoles devaient être ouvertes toute l'année : le matin depuis six heures jusqu'à onze, et depuis midi jusqu'à cinq heures, excepté les jours de dimanche, les fêtes et ceux ordinaires de congé fixé au jeudi après-midi de chaque semaine. Il y avait cependant des vacances depuis le 1er octobre jusqu'au 1er novembre si l'instituteur voulait en prendre.

b) L'instituteur devait instruire les élèves qui lui étaient confiés dans les principes de la lecture, de l'écriture et du calcul, selon le système décimal ; les instructions toujours données sur une morale pure, et n'admettre dans son école d'autres livres que ceux approuvés et ne contenant rien de contraire à l'ordre public ou qui tendraient à la corruption des mœurs. Il devait instruire les garçons sur le plain-chant.

c) Un local dans la maison commune devait être

« du titre trois de la Loi du 27 Brumaire dernier, laquelle
« Nomination sera enregistré sur nos registres de Délibéra-
« tions, et Copie d'Icelle, envoyé aux Instituteurs nommés
« pour après l'avoir fait enregistré sur le registre de la Muni-
« cipalité entrer en fonctions.

« Fait en Directoire à Montmédy le 19 Floréal, an 3me de
« la République, une et Indivisible.

Signé : DARBOURG, DRAPPIER, et GROSYEUX, secrétaire.
Pour expédition, BERTIN, pour le V. P...
GROSIEUX, secrétaire (a)

(a) Sauf quelques ponctuations mises, le texte de cette communication a été copié *textuellement* sur un registre des Délibérations du Conseil de la commune de Mont. — V. le Ms. Cordonnier, p. 152-155.

affecté à la tenue des écoles, et un autre dans la commune, avec ses dépendances, pour le logement du maître. Il avait à sa charge les réparations dites « locatives. »

d) La commune lui donnait un traitement de deux cents francs par an, payable en deux termes égaux, qui se prélevait sur les habitants lors de l'exploitation des coupes affouagères ou sur les revenus communaux. De plus, il percevait sur chaque écolier, savoir : ceux qui n'apprenaient qu'à lire, trente centimes ; ceux qui écrivaient, quarante centimes ; ceux qui apprenaient le calcul cinquante centimes.

e) Le maître d'école recevait, en alternant, sa part dans les affouages annuels, comme tous les autres habitants.

f) Indépendamment des charges de l'instruction, il devait avoir soin de l'horloge de la paroisse, faire à l'église les fonctions de premier chantre, prêter son ministère pour la desserte du culte catholique aux jours accoutumés et toutes les fois qu'il en serait requis, sauf les rétributions affectées pour cet objet. Il devait aussi entretenir l'église propre en la balayant la veille des dimanches et des fêtes ; sonner la cloche trois fois par jour : le matin, à midi et le soir, ainsi que pour tous les services qui se faisaient les dimanches, les fêtes, les processions et les cérémonies annoncées.

g) Le maître devait aussi enseigner gratuitement les enfants des indigents domiciliés dans la commune.

Ce traité fut approuvé par le Conseil municipal de Mont le 7 juillet 1811 ; ratifié le 31 décembre 1812, par le recteur d'Académie *d'Agel*, à Nancy, et transcrit sur le registre de la commune de Mont le 10 avril 1813.

* *
*

L'établissement de l'école des filles, à Mont, remonte à l'année 1779.

Cette école fut établie dans la rue Fond-Charmé. D'après les archives de Mont, la communauté fit, en 1778, l'acquisition de la maison qui devait lui servir d'asile, moyennant la somme de 1450 livres.

L'année suivante, une sœur d'école fut engagée par messire Philippe Blondelet, curé de la paroisse, lequel, pendant la tourmente révolutionnaire, et malgré tout le bien qu'il avait pu faire à ses ouailles, ne fut pas exempt des persécutions de la racaille pour laquelle il s'était dévoué.

Voici, dans son intégralité, le texte du traité qui fut passé en cette circonstance :

« Nous soussignés sœure Pierson supérieure de la maison du Séminaire des Sœures d'Ecolle du diocèse de Toul d'une part, Et Philippe Blondellet conjointement avec mes paroissiens de Mont d'autre part. Sommes convenus de ce qui suit : savoir

« Que moy Sœure Jeanne Pierson cydessus dénommée M'Engage au Nom de Ma susdite Communauté et sous l'agrément de Monseigneur L'eveque de Toul ou de son vicaire Général supérieur dudit Séminaire,

« Premièrement : à fournir à la Paroisse de Mont devant Dun diocese de Reims vne Sœure d'Ecolle qui soit de bonne Mœurs et capable de remplir les devoirs de son Etat ; La quelle Sœure sera tenue d'Enseigner Gratuitement touttes les filles de Laditte paroisse qui auront L'aage de cinq ans et au-dessus, à Lire, à écrire, L'orthographe, L'arithmetique et surtout la religion, Le Catéchisme et la pratique de la vertu, et cela pendant tout le cours de L'année excepte vn jour de chaque semaine, et vn Mois de vacances dans le temps des Moissons ou des vendanges. Outre les filles de cinq ans et au dessus qu'elle se chargera d'instruire comme il vient d'Etre dit, elle recevra dans son Ecolle vers le temps de Pasques où le nombre des grandes Ecollières sera diminuée. Les petites qui auront atteint L'aage de quatre ans pour les instruire selon leur capacité. Le tout suivant les reglemens de la congrégation des dites Sœures.

« Secondement : La ditte Sœure assemblera sous L'authorité et permission de Monsieur le Curé Les grandes filles de bonne volonté dans leur Ecolle à L'heure la plus commode des dimanches et fêtes pour y faire des Lectures spirituelles, y chanter des Cantiques et s'y entretenir de choses vtiles au salut.

« Et Moy Philippe Blondellet, curé de Mont et de Sassey, voulant donner à Mes Paroissiens de Mont vne preuve de mon Affection et ne pouvant mieux La leur témoigner que par L'établissement D'vne Sœure d'Ecolle dont le fruit sera vne bonne éducation de La jeunesse qui est le bien le plus précieux ; Je M'Engage à payer annuellement et par quartier D'avance à la ditte Sœure d'Ecolle qui instruira la jeunesse de ma ditte Paroisse de Mont, La somme de Deux cents livres et Cela tout le temps que je serai Curé de Mont, Me proposant de donner vne nouvelle marque de ma Bienveillance à mes Paroissiens, en leur Laissant après moy la somme de quatre mille Livres et même plus si Dieu me prête des jours assez longs pour soutenir L'Etablissement de la ditte Sœure ; Laquelle somme néanmoins ne seront pas tenus d'accepter mes dits paroissiens auxquels je ne prétend point par le présent article imposer aucune obligation sur ce point.

« Et Nous Maire et habitans du dit Mont apres vne délibération faitte entre Nous suivant les formes prescrittes et d'vsage, Nous nous obligeons à Loger La ditte Sœure et celles qui lui sucéderont dans la Maison par nous acquise à cet effet après y avoir été authorisés par Monsieur de St-André intendant de la province ; en outre de fournir à la ditte Sœure les Meubles nécessaires, du bois de chauffage en suffisante quantité, d'avoir soin qu'aucune insulte ne luy soit faitte et de luy accorder les mêmes exemptions

qu'on accorde aux Sœures d'Ecolle qui sont répan-
dües dans les différentes paroisses à qui le séminaire
de Toul en a fournit et en fournira comme à celle de
Mont. Ce sont là les seules charges que nous nous
imposons pour tout le temps où on nous fournira vne
Sœure pour enseigner les jeunes gens de son Sexe,
ne nous obligeant à rien de plus et nous réservant
pleine Liberté sur L'acceptation ou non acceptation
des deniers destinés au dit établissement et sur les
charges sous lesquelles on nous proposeroit de les
accepter. Le présent fait triple : Savoir vn pour la
Sœure Supérieure des Sœurs de Toul, vn pour
Monsieur le Curé de Mont et vn pour la communauté de Mont. Lesquels ont tous eté signez par les
Contractans apres que la Lecture en a été faitte à
Mont Cejourdhuy ving vn mars mil sept cent soixante et dix neuf.

« (Signé :) Vrbain BEAUFORT, maire ; Jean-Bap-
tiste LOYAL, lieutenant ; Henry PIERSON, Jacques
MAYEUR, Jean LE ROY, Antoin AUBRI, Charles WA-
TRIN, Nicolas-Jacques BRIET, greffier et BLONDEL-
LET, curé de Mont et Sassey. »

« Etienne-François-Xavier, par la grâce de Dieu
et l'autorité du St-Siège Apostolique, Eveque Comte
de Toul, Prince du St-Empire, Vu le présent traité,
Nous l'avons approuvé pour être exécuté selon sa
forme et teneur.

« Donné à Toul, en notre Palais Episcopal, le premier Mai mil sept cent soixante et dix neuf.

« (Signé :) † ETIENNE Fr. X. eveque C. de Toul.
　　　« Par Monseigneur
　　　　　« (Signé) GUILLAUMÉ (1). »

Ces quelques extraits des registres de la commune
donnent une idée de ce qu'était l'instruction élémen-
taire donnée aux enfants dans la plupart des communes du Barrois sous l'ancien régime.

---

(1) Cordonnier *op. cit.*

ANNEXE

Nous recevons de M. Cordonnier, iustituteur à Mont-devant-Sassey, dont l'auteur de la Notice sur Mont publiée au *Journal de Montmédy* a cité plusieurs fois le nom à propos d'emprunts faits au travail de M. Cordonnier, sur ladite commune, quelques renseignements complémentaires sur l'œuvre de M. Bonnabelle.

Nous nous faisons un plaisir de les publier ci-dessous :

« Dans le Nº 4287 du *Journal de Montmédy* (Notes sur Mont-devant-Sassey, 3ᵐᵉ article) nous trouvons que l'appréciation faite sur la diminution de la population est un peu sévère ; il est vrai qu'elle s'applique à toute population rurale. Or en ce qui concerne la localité de Mont, nous tenons à observer que cette diminution est due à deux causes principales.

1° La population n'est pas agricole en raison du peu d'étendue du territoire, mais plutôt viticole. Depuis trop longtemps déjà les vignes ne donnent plus un produit suffisamment rénumérateur, et les vignerons sont découragés de travailler un sol qui ne les indemnise pas de leurs labeurs.

2° Beaucoup de cordonniers ambulants se sont fixés, avec leurs familles, dans les centres où ils allaient exercer leur industrie une partie de l'année et se sont créé des positions honorables dans le commerce. En outre les grands ateliers de confection pour la chaussure ont aussi été trés nuisibles à leur profession, et, selon l'expression consacrée, ils doivent « chiner » beaucoup pour trouver de l'ouvrage. Il est résulté de ces causes que les enfants n'ont plus embrassé la profession des pères. Arrivés à un certain âge, ils quittent leur village pour trouver, dans une ville, une profession quelconque.

Nous pouvons même ajouter que sur vingt-neuf mariages qui se sont célébrés à Mont depuis 1883, dix-huit jeunes ménages se sont fixés dans d'autres localités.

Actuellement, ce mouvement s'accentue encore.

C'est donc principalement ce à quoi il faut attribuer la diminution de la population du village de Mont.

En second lieu, l'historique de la seigneurie de Mont nous a paru un peu succinct.

Cette seigneurie appartenait à l'époque de la Révolution à Marie-Gabrielle Renard de Fuschemberg, épouse non commune en biens de François-Marie de Moriolle comte de Beauclair. Selon le transfert qui en fut fait, en 1683, par le comte d'Escart et de St-Bonnet au sieur Nicolas Descrochets, la terre et seigneurie de Mont consistait : « en deux pressoirs bannaux dont on prend le huit.ᵉ droit de terrage en vins qui se lève sur tous les vins de goutte dudit Lieux, les fours, et moulins bannaux, un prez appellés les accrues, tous les Cens Seigneuriaux que le mayeur est obligé d'en faire la levée et les délivrer au Seigneur, toutes amandes et confiscations droit de chasses de pipée de goiage de vin d'ajustement de poids et mesures la haute Justice moyenne et basse et en toutes autres aisances et dépendances Cens et droits seigneuriaux. ».................................

Ce présent vendage fait moyennant le prix et somme de Dix sept mils Livres...................

En troisième lieu, nous donnons le document qui atteste que l'église de Mont a été incendiée vers 1665.

Remontrance adressée à M. S. J. l'Archevêque de Reims — 1668.

Monseigneur Illustrissime et Révérendissime Seigneur, Mr Charles Maurice Lothelier, archevesque, Duc et Premier Pair de France.

Vous remontrent en toute humilité les Habitans et Marguilliers de la paroisse de Mont sur Meuze du Comté de Dun le Chasteau qu'en Lannée cinquante-trois a cause des convois des ennemis de Lestat il fut mis garnison dans leur Eglise de la part du Roy pour leur deffence, Néantmoins ayant estez assigez, ladite Eglise fust battue a coups de canon par les dits ennemis dont elle fust tres considerablement endommagez et depuis mesme par un sort inopiné et nuittamment la nef et partie du Cœur bruslé en telle sorte qu'ils ne sont en estat de restablir ladite partie, quoy que tres affectionnés pour la gloire de Dieu, mais la pauvreté deffaut a leur piété, ce quy a esté recognu Monseigneur par vostre archidiacre en sa visite en Lannée soixante-cinq lequel voyant le désordre et apres le manque dans ladite paroisse d'un Soleil Ciboire et Calice ordonna ausd' Supplians des Cent escus qu'ils debvoient a ladite Eglise dy pourvoir ce quils ont fait a l'exception dun Soleil et du Ciboire lesquels ils ont marchandez et leur doivent estre fourny pour la St-Martin prochain et comme lesd. Marguilliers d'apresent ont quelques deniers en mains du Revenu de la fabrique souhaitant les employer pour la reparation de leur Eglise lune des plus belles de vostre diocèse ce quy ne suffira pas pourtant pour la reparation d'Icelle.

Il vous plaise Monseigneur pour commancement de reparation de leur Eglise ordonner les « deniers clairs » et pour conséquence estre employes en Icelle, et pour le pardessus attandu la qualité de leurd.

Eglise permettre dans votre diocese des questes pour les deniers provenant des dites questes estre employées ausdites. reparations et rendre compte du tout, mesme de faire vendre deux petites cloches des cinq quy sont dans le clocher pour parvenir aux mesmes fins lesquelles deux cloches des plus petites sont inutiles pour y en avoir trois grosses très considérables. »

Marque de Nicolas Monnart.

Marque de dian gourdin le maire et eschevin du dit Mont.

« Veu la pnte requeste nous avons permis aux supplians d'employer au rétablissement de leur Eglise les trois cens livres qu'ils luy doivent et les deniers restans des comptes de la fabrique de lad. Eglise avec ceux quy seront à la St-Martin prochain ez mains des marguilliers pntement en exercice. ....(une ligne illisible par suite d'un pli)....... fourniront préablement la somme de soixante-quinze livres à M. Jean Louis Nicolay leur curé pour acheter un ciboire et un soleil d'argent sur le mesme pied et que les reparaons de la nef seront achevées avant qu'on commence a travailler a celles du portail ; Et pour soulager d'autant plus les supplians dans la dépense qu'il conviendra de faire pour cet effet. Nous leur avons encore permis de vendre de concert avec leur curé les deux plus petites des cinq cloches de leur église, Mandons au curé de Mont de tenir la main a l'execution de notre pnte Ordonnance. Donné à Voncq dans le cours de nos visites le neuviesme May mil six cent soixante huit. »

Signé : Charles M. av. duc de Reims

Par Monseigneur, Signé : Darbon

Remarque : Cette remontrance prouve que l'église de Mont a été assiégée en 1653 et incendiée, probablement par la foudre, vers 1665. Une lézarde existe encore dans la façade nord de la tour du clocher et personne ne peut fixer l'époque à laquelle elle s'est produite.

Comme preuve à l'appui de cette assertion, un traité a été passé, en 1667, entre André Huber, maieur, Jean Monart, prêtre et curé, les eschevins, jurés et marguilliers de la communaulté et fabrique de Mont et Guillaume Coppin, maître couvreur, demeurant à Bantheville, pour la réparation de la couverture et du clocher de l'église. Par ce traité, l'entrepreneur s'engageait à fournir « vingt mille bonnes ardoises et cinquante mille de clous » ; la communaulté donnait les bois nécessaires et elle payait, en outre à l'entrepreneur, la somme totale de quatre cents livres tournois.

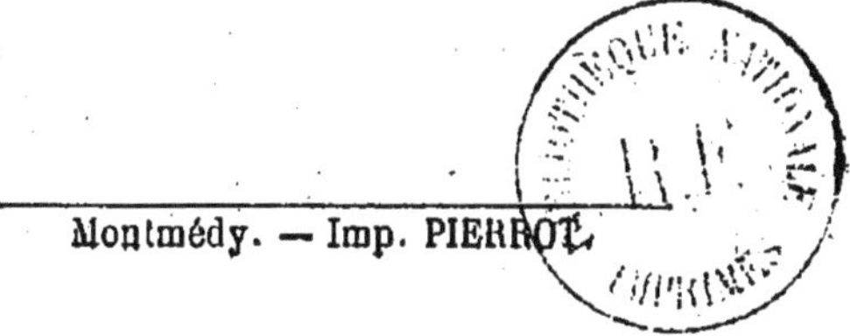

Montmédy. — Imp. PIERROT.